D1726468

HORUS-BUCH
URSULA JENTZER
Püntstrasse 25
CH-8604 Volketswil
Tel.+Fax 01 945 33 11

Emmy Jörg
FÜR MEHR LICHT

Aufzeichnungen eines Schreibmediums

Vorwort von Stefan von Jankovich

PANORAMA VERLAG

CH-9450 Altstätten   D-8000 München

CIP-Titelaufnahme der Deutschen Bibliothek

Jörg Emmy:
Für mehr Licht: Aufzeichnungen eines Schreibmediums/
Emmy Jörg.-Altstätten; München: Panorama-Verl.,1989
ISBN 3-907506-32-4

Emmy Jörg
«Für mehr Licht»

Gestaltung: Interadverta AG, Altstätten
Druck: Interdruck AG, Altstätten

ISBN 3-907506-32-4

Inhaltsverzeichnis

Vorwort von Stefan von Jankovich

Als ich angefragt wurde, ob ich bereit wäre, ein Vorwort zu dem Buch «Für mehr Licht» von Emmy Jörg zu schreiben, habe ich spontan zugesagt, ohne das Manuskript gesehen zu haben. Und es war richtig so, denn ich kenne Emmy Jörg persönlich, und ich habe mehrmals das Glück gehabt, sie in meinem *Forum Homo Harmonicus* in Zürich als Referentin und Experimentatorin im Bereich des automatischen Schreibens zu begrüssen. So konnte ich ihr natürliches fröhliches Wesen und das Phänomen des automatischen Schreibens richtig erleben.

Dieses Phänomen ist nicht neu, und ich wage zu sagen, dass alle Menschen fähig sind, ohne Denken, mit ausgeschaltetem Gehirn, Texte wiederzugeben, die durch äussere, geistige Kräfte gesteuert werden, vorausgesetzt, dass der Mensch sich für solche Vorgänge geöffnet hat, der Mensch ist durch eine sensibilisierte innere Einstellung fähig, diese feinen Impulse von Transparenz wahrzunehmen und durch einen automatischen Mechanismus des Körpers, welcher die freie Bewegung der Hände steuert, in Schreiben umzusetzen. Dazu ist das Loslassen von anderen irdischen Einflüssen, das Entspannen des Geistes und das Leermachen des Schwingungsfeldes des Geistes notwendig.

Diejenigen, die diese Voraussetzungen erfüllen, können auch «automatisch» schreiben, zeichnen, malen oder Musikstücke komponieren. Man kann dieses Phänomen als paranormales und mediales Schreiben, Zeichnen, Malen oder Komponieren bezeichnen. Paranormal, weil in der gewohnten materiellen Raum-Zeit-Welt mit schulwissenschaftlichen Denkprozessen keine Erklärung zu finden ist - medial, weil die Kraftimpulse durch einen vermittelnden Geist - im Falle von Emmy Jörg ihr Führergeist *Jawga* - direkt auf das Nervensystem der Schreiberin wirkt.

Es ist auch für mich oft eine Hilfe, wenn ich Fragen durch automatisches Schreiben oder Malen beantwortet bekomme. Deshalb kann ich die Aufmunterung der Autorin «probiert es, macht euch selbst leer, seid in demütiger Hingabe .... und wenn es von *Oben* erlaubt ist .... wird es gehen», nur zustimmen.

Im *Forum* hat die Autorin dieses Phänomen mehrmals vorgeführt. Auf Fragen der Anwesenden kamen plötzlich blitzschnell, oft durch fast unleserliche Zeichen und Schriften Antworten. Sehr eindrucksvoll waren die Experimente, wenn die Fragen nicht laut, sondern mental, also in Gedanken, gestellt wurden ------- und doch kam die Antwort. *Jawga* hat die mental gestellten Fragen «verstanden» und entsprechend die Hände von Emmy Jörg «geführt». Das Phänomen war echt, irgendwelche Manipulation war ausgeschlossen.

Die «irdische» Frage: Wer ist *Jawga*? soll dahingestellt bleiben. Es ist irrelevant, ob es eine geistige Entität, ein unabhängiges Geisteswesen oder eine Projektion der eigenen Persönlichkeit ist. Der göttliche Kern, welcher in jedem Menschen ist und sich durch die innere Stimme bemerkbar macht, manifestiert sich auf diese Weise. Es ist unbestritten für mich, dass dieses Phänomen durch ein Kräftepotential ausgelöst wird. Man kann natürlich diese Kraft als Schutzengel, Führergeist, usw. erkennen und ihr sogar einen Namen geben. So ist die Kommunikation menschlicher, einfacher und für ein Gespräch natürlicher. So ist es bei Emmy

Jörg ihr *Jawga* - sie sagt ihr Führergeist -, der Erkenntnisse in Transparenz hat, die Fragen zu beantworten vermag und ihre Hände führt.

Was uns *Jawga* durch Emmy Jörg mitteilt, sind nicht grosse Verkündungen, sondern einfache Hinweise, wie man dem Leben und den Alltagsproblemen begegnen soll, ohne Pathos, einfach, verständlich, so wie die ursprüngliche Wahrheit selbst ist. Er äussert sich zu vielen wichtigen, gegenwärtigen Problemen der Menschheit. Er gibt sogar einfache, plausible, natürliche Ratschläge von der Transzendenz. Es ist merkwürdig, dass die Botschaften von *Jawga* mit andern echten Durchsagen, die durch positiv eingestellte medial begabte Menschen bekannt wurden und sogar mit meinen Erlebnissen im klinisch toten Zustand an der Schwelle vom Jenseits übereinstimmen.

Ich empfehle dem Leser, diese Durchsagen als Denkanstösse oder als Meditationsthemen zu gebrauchen für den Umwandlungsprozess, den wir Menschen dringend benötigen, um unser Raumschiff Erde vor einer Katastrophe zu retten und uns selbst weiter zu entwickeln.

Zürich, Juni 1989   Stefan von Jankovich

Liebe Leserinnen
Liebe Leser

Seit vielen Jahren bin ich als Schreibmedium in Kontakt mit Jawga, meinem geistigen Führer. Ivor James hat freundlicherweise in medialer Eingabe ein Bild von ihm gemalt. Durch Jawga konnte ich vielen Menschen, die bei mir Rat suchten, helfen und ihnen den richtigen Weg weisen.

1987 bat mich mein geistiger Führer, ein Buch zu schreiben, das er mir medial diktieren würde. Ich zögerte lange, denn ich traute mir das nicht zu. Freunde, mit denen ich darüber sprach, ermunterten mich und meinten auch, es sei gewissermassen meine Pflicht, Jawgas Wille zu erfüllen, denn offensichtlich könne er nur durch mich an die Menschen gelangen, und es sei ein Anliegen das zu tun. Die Argumente leuchteten mir ein, und ich stellte mich meinem geistigen Führer zur Verfügung. Im Juli 1988 war dann das Manuskript schliesslich fertig.

Es ist ein eigenartiges, schönes Gefühl, automatisch zu schreiben. Meine Hand ist dabei nicht aufgestützt, der Ellbogen in der Luft, und wie von einer unsichtbaren Hand geführt macht sie rasche Schreibbewegungen. Ich empfinde dabei eine innige Verbundenheit mit meinem geistigen Führer. Ich kann auch Fragen stellen, und das mediale Schreiben wird dann zu einem eigentlichen Dialog mit Jawga.

Kritische Leserinnen und Leser werden vielleicht den Schreibstil dieses Buches etwas altertümlich und gewisse Stellen auch langatmig empfinden. Sicher ist der Text in stilistischer Hinsicht noch sehr mangelhaft. Aber ich legte Wert darauf, dass der Text so gedruckt wird, wie er mir eingegeben wurde. Wichtig scheint mir die Aussage und nicht die Form.

Übrigens kann jedermann automatisch schreiben, auch Sie! Es ist nur eine Frage der Entwicklung der Sensibilität und der Übung. Es freut mich, wenn Sie dieses Buch anspornt, selbst auch den Versuch, medial zu schreiben, zu wagen.

Emmy Jörg

1. Umweltverschmutzung

Frage

Lieber Jawga, Du weisst ja bereits alles! Ist heute ein historischer Tag? Der lieben Nora habe ich auf ihr Drängen heute nämlich versprochen, das schon längst fällige Buch mit Dir endlich zu beginnen. Bist Du ebenfalls einverstanden? Vielen Dank im voraus für Deine Hilfe und auch Dank an alle, die dabei mithelfen!

Antwort

Ja, liebe Emmy, wir haben es Dir doch bereits gestern gesagt, dass es gut gehen wird bei Nora. Nun hat sie Dich überzeugt, dass es wirklich gelingen wird. Du sollst Dich jetzt nur noch ganz leicht führen lassen. Du hast wirklich keine Ahnung, was wir Dir für die Menschheit mitteilen wollen.

Ja, Ihr habt in den letzten Wochen sehr viel (überall in der Schweiz) von der Umwelt und deren Verschmutzung gesprochen. Es stimmt natürlich, dass all die Schadstoffe dies verursachen, und wenn nicht bald ganz rigorose Änderungen stattfinden, wird der Grad der Verschmutzung sehr schnell um ein Mehrfaches zunehmen. Aber nun kommt noch etwas anderes: Nur wenige von Euch Menschenkindern denken, dass es in erster Linie Eure Gedanken sind, die fortwährend in umgekehrter Richtung fliessen, das heisst, Ihr denkt zuerst an Euch selbst, also an die Menschen, und nur an die Menschen, vielleicht noch ein wenig an die Tiere, und an den Wald, aber wiederum nur, soweit Euch diese zum Nutzen sind, und nicht daran, dass zuerst die Pflanzen, also die Natur, überall um Euch in Erwägung gezogen werden sollte, dann nämlich kann es gar nicht so weit kommen, dass Ihr Menschen deswegen leiden müsst. Die Natur ist unendlich geduldig, doch jetzt ist die Grenze bald erreicht, was die Natur noch schlucken kann.

Du hast gerade gedacht, das sei ja ein alter Hut, dass wir die Natur schädigen, aber dass Ihr bei der Natur beginnen solltet, eine Verbesserung zu erreichen, um *das* geht es, und zwar eben schon *in Euren Gedanken.*

Zum Beispiel: Wenn Du im Garten oder sonstwo ein Blume siehst, so sollst Du Deine Freude darüber ausdrücken und der Blume zugleich genügend Kraft von der Sonne und ihren Helfern (Naturgeister) wünschen, und schon strahlt die Blume noch intensiver! So kann man das in globo auch vor einer Wiese, im Wald, aber auch auf der Strasse tun! Dort solltet Ihr Menschen viel mehr auf den Strassen, auf denen Ihr wandert oder fährt, mit irgendwelchen Verkehrsmitteln, Eure Freude und gutes Gelingen für alle Teilnehmer aussenden. Ihr werdet staunen, wie *drastisch* Eure vielen Verkehrsmittel eine total andere Fahrt einhalten, und vor allem, wie sich die unsinnigen Verkehrsopfer dann schnell vermindern. Denkt doch nur an die Kinder, die jährlich bei Euch sterben. Wiederum hast Du gedacht, darüber wird doch auch schon lange geschrieben und diskutiert. Aber wer macht sich von Euch Menschen diese Gedanken, die Dir vorhin eingegeben wurden??? Kaum jemand!

Ach ja, nun hast Du an das Beispiel gedacht, das Du von Tschernobyl gelesen hast, wie ein Mann in der nahen Umgebung von Tschernobyl nach einer Eingebung gerade so gehandelt hat, und wie es nun auf erstaunliche Weise viel viel weniger Kranke in jenem Dorfe gibt. Die Wissenschaftler stehen vor einem Rätsel. Aber das nur so nebenbei.

14

So, liebe Emmy, das genügt für heute, morgen darfst Du wie versprochen Nora diesen Anfang vorlesen. Es ist gut gegangen, und es wird noch besser gehen.

Alles Liebe, auch für Nora und Deine Lieben

Jawga

2. Positive und negative Gedanken

Frage

Lieber Jawga, ich hoffte, Dich vorhin bei geschlossenen Augen zu sehen, aber es gelang nicht ganz, die Bilder verwischten sich vorher wieder, nur die Augen sah ich, aber ein schönes glänzendes Licht strahlte fortwährend.

Hast Du mir heute weitere Mitteilungen? Vielen Dank im voraus.

Antwort

Ja, liebe Emmy, wir haben bereits auf Dich gewartet. Du hast wirklich Licht gesehen. Die siehst vielmals Licht. Es ist das Licht, das immer in Dir ist.

Du weisst ja ganz gut, wie in jedem Menschen dieses Licht immer und überall strahlt. Schade, dass es die wenigsten Menschen wissend aufnehmen. Doch es gibt davon immer mehr.

Gerade hast Du gelesen, wie immer mehr Menschen an eine Fortdauer der Seelen glauben. Das ist das Werk des Wassermann-Zeitalters. Schon lange haben auf diese Zeit die höheren geistigen Wesen hingewirkt. Deshalb entstehen auch überall neue Zentren für Meditation. In dieser Richtung gibt es bereits viele Menschen, und das ist erfreulich für uns Helfer, doch sollte der Wille zum Aufstieg noch sichtbarer werden.

Du warst in letzter Zeit an verschiedenen Vorträgen esoterischer Art, und überall warst Du tief beeindruckt, obwohl nirgends etwas total Neues verkündet wurde. Wir wissen,

Du hast schon vor 40 Jahren Deine ersten Bücher darüber gelesen, und seither hast Du erlebt, wie sich um Dich herum langsam vieles in dieser Richtung entwickelte. Eben das mit *Euren Gedanken*, und da knüpfe ich wieder an bei unserem letzten Schreiben von vorgestern:

Du weisst seit damals, dass ihr Menschen eigentlich in einem Meer von Gedanken lebt, ungefähr so wie die Fische im Wasser. Lass uns das noch besser umschreiben. Natürlich könnt Ihr Menschenkinder überall von den Euch umschwirrenden Gedanken sozusagen wahllos Gebrauch machen. Jedoch, es sind da gute und weniger gute Gedanken, ja schlechte und sogar ganz schlechte, also positive und eben auch negative. Und nun, wenn Ihr in Eurem Innern fröhlich seid, so fliegen Euch natürlich auch fröhliche Gedanken zu. Im andern Falle, wenn Ihr traurig seid, dann ebenso traurige Gedanken. Das gleiche geschieht natürlich mit bösen und schlechten Gedanken. Man kann das noch steigern, dann fühlt Ihr in Eurem Innern ein Brennen, ja ein Feuer knistert auf Eurer Seele, und Ihr habt keine Ruhe, bis Ihr Euch irgendwie beruhigen könnt, d.h. Eure Gedanken kreisen um eben diese Eigenschaften, und Ihr möchtet Euch an Menschen, Tieren oder sonstwo in der Natur schadlos halten, damit das innere Feuer gelöscht werden kann. So kommt Ihr wieder auf negative Gedanken oder Handlungen, die dann ihrerseits wiederum eine Kette von Rückschlägen und Enttäuschungen jedwelcher Art bilden. Viele von Euch wissen es. Diesem Irrtum kann man mit Gegenwehr entrinnen – manchmal braucht Ihr dazu auch grosse Anstrengungen –, d.h. entweder mit kurzem Flehen für Hilfe, ein Gebet, oder besser die Gedanken absorbieren, sie einfach nicht annehmen, und im gleichen Moment entspannt sich die bedrohliche Situation nach Rache oder was auch immer. Dann nämlich kommen die reinen und positiven Gedanken zum Zuge, und die negative Kette ist unterbrochen. Diesen Vorgang können Euch Eure Wissenschaftler genau erklären, denn sie wissen, wie sich gleiche materielle Substanzen anziehen und ungleiche abstossen. Später kommen wir auf viele Versuche bei Euch zu sprechen, wie z.B. von gewissen Heilpraktikern der Magnetismus gehandhabt wird, das ist bei weitem nicht immer gut. Weiter nun bei Eurem Gedankenmeer. Könnt Ihr Euch auf die andere Art die Menschen vorstellen, die eine grosse Gabe haben, sich nur mit positiven Gedanken abzugeben? Das sind dann die sogenannten Heiligen, in früheren Zeiten jeweils mit einem Leuchten um sie dargestellt. Natürlich ist bei solchen fortgeschrittenen Menschen das Leuchten intensiver, es ist ja selbst bei viel weniger aufgeschlossenen Menschen sichtbar. Aber diese arbeiten nicht mit dem Leuchten oder dem Licht, d.h. sie geben es nicht weiter, sie geniessen es nur selbstherrlich, und deshalb erlischt dieses Licht immer wieder.

Die wirklich selbstlosen, liebenden Menschen jedoch geben fortwährend von ihrem Leuchten, es sind die Barmherzigen, die Helfenden, die Heilenden, die Tröstenden, aber bei weitem nicht diejenigen, die solche Taten im Vordergrund tun, meistens nur in der Stille!!!

Wenn Ihr Euch wieder das Bild der Kette vorstellt, dann begreift Ihr auch, wie so viel Böses in Eure Welt eindringen kann, nur weil es verstärkt wird durch die Masse.

So müsst Ihr Euch die *sinnlosen Konflikte erklären, die zu kriegerischen Auseinandersetzungen führen können.*

Also, ein wenig begreift Ihr, wie man eine so bedrohliche Kette unterbrechen kann?!? *Nur mit guten und liebenden Gedanken.* Deshalb müsst Ihr alle mithelfen, die drohenden Gefahren in Eurer Welt abzuwehren.

Dir kommt gerade in den Sinn, wie wir Dir das schon einmal geschrieben haben, nämlich, wie Ihr Euch damit zugleich Euren Schutz verstärkt, eben wenn den negativen Einwirkungen bei Euch kein Einlass gewährt wird. Und sofort könnt Ihr nur Gutes weitergeben, und die positive Kraft wird in Eurer Umgebung wirksam. Ist das so schwer zu verstehen??? Wir glauben nicht.

Ihr versteht schon viel von Euren Computern. Das menschliche Gehirn ist jedem solchen von Menschenhand gebastelten Gerät millionenfach überlegen! Die Gedankenwelt von uns und Euch natürlich ebenfalls, deshalb sind wir mit Euch verbunden. Immer, wenn Ihr betet, nehmt Ihr ohne zu Forschen an, dass Euer Gebet erhört wird! Weil es Gedanken sind, die aus Euch ausstrahlen, deshalb werden sie wahrgenommen.

Du musst jetzt Schluss machen. Wir freuen uns wieder, mit Dir zu schreiben. Alles Liebe für Dich und Deine Lieben.

Nachtrag zum Thema Magnetismus
Nora ist über den von Dir erwähnten Magnetismus gestolpert, im Zusammenhang, dass gleiche positive Gedanken sich anziehen. Dabei ist es – wenigstens in unserer materiellen Welt – doch so, dass sich die gleichen Magnete abstossen, nur die ungleichen ziehen sich an. Wie reimt sich das zusammen?

Antwort

Du bist natürlich jederzeit willkommen. Du hast heute viel darüber nachgedacht und bist selbst darauf gekommen, dass unsere Erklärung betreffend den Magneten etwas anderes bedeutet als Eure bekannten Süd- und Nordpol-Magnete. Das, was wir mit den gleichen positiven Gedanken ausdrücken, ist die Dualität. Du weisst, wie jedes Wesen sein Dual sucht, also auch die Gedanken. Das mit den anziehenden und abstossenden Magneten ist natürlich die Polarität. Nein, wir haben in unserer Schule nicht geschlafen, als wir dieses Thema erläutert bekamen, wir sind auch auf keiner Wolke gesessen, wie die liebe Nora meinte! Im Gegenteil, wir haben diese Wissenschaft (Polarität) eigentlich in der Astronomie vernommen, also viel ausholender und weit greifender.

Du denkst jetzt gerade an die Heilmethoden bei Euch mittels Magnetismus. Siehst Du, wenn es richtig gehandhabt wird, ist dies ein Teil der Dualität, also Dualismus. Die Gedanken schwirren umher und suchen ein Echo, eben ein Dual. Der Heiler muss also mit seiner Patientin oder seinem Patient einen Konsens herstellen, der einer Dualität gleichkommt, wenn er eine umfassende Heilung erstreben will. Wir haben ja von gleichen materiellen *Substanzen* gesprochen, nicht von Süd- oder Nordpol-Magneten. Das hat bei Euch zu Unsicherheit geführt.

Wenn sich weitere Fragen aufzeigen, auch bei den Lesern dieses Buches, werden wir gerne Antwort geben.

Und nun für Euch alle viele Freuden in der nächsten Zeit, grosser Segen sei mit Euch allen.

3. Atomkraft

Frage
Eveline war zufrieden mit dem Geschriebenen von vorgestern. Ich selbst warte eigentlich auf unbekanntere Anweisungen, doch glaube ich, diese werden bald folgen. Auf alle Fälle freue ich mich, dass das Schreiben mit Dir, lieber Jawga, so gut und fliessend von statten geht. Vielen Dank.

Antwort
Du musst keine Bedenken haben, die grösseren Anweisungen kommen schon noch. Du hast gerade gedacht, wenn es ein Buch geben soll, dann muss berücksichtigt werden, dass Menschen, die noch nicht so gut informiert sind, einen Aufbau erkennen können, was wir ihnen mitteilen möchten und müssen.

Gut, dass Du vorhin Yoga-Übungen gemacht hast. Du warst schon sehr müde. Wir wollen Dir helfen, dass als Dank für unsere Durchgabe-Annahme Deine Gesundheit sich in allem bessern wird.

Heute hast Du im Radio gehört, dass in Deutschland erneut Giftfässer mit Atommüll-Inhalt eruiert wurden, und die Behörden nun eifrig Nachforschungen betreiben. Ja, auch die Schweiz ist darin involviert, nur können die Schuldigen noch nicht zur Verantwortung gezogen werden, doch es wird der Tag kommen, wo sich niemand mehr davor drücken kann. Ihr seht wieder, es ist die Gier nach Geld; die Habsucht kennt keine Grenzen. Ja, wenn die Gedankenkette nur von *einem* Mitschuldigen unterbrochen worden wäre, hätte es nicht so weit kommen können. Wir müssen Euch Mut machen: Es können gar nicht genug sogenannte *Grüne* bei Euch überall herumstöbern, es muss so sein. Das sind jetzt eben solche Menschen, die die grosse Gefahr erkennen, weil sie nicht am Gewinn dieser Lobby beteiligt sind. Wenn es auch Menschenkinder darunter gibt, die einfach gern mitschreien, weil sie am Schreien Freude haben, so helfen diese doch bedeutend mehr mit, der Natur zu helfen als manche grosse *Politiker*.

Ja, die sogenannte Atomkraft. Du weisst ja, es hätten bereits vor Eurem Weltkrieg einige Wissenschaftler diese unheilvolle Entdeckung nicht machen dürfen, d.h., wenn es in umgekehrter Richtung geschehen wäre, eben diese Kraft zum Wohl der Natur und aller ihrer Lebewesen zu nutzen, dann wäre der Verlauf ganz anders gewesen. Jedoch damals regierte die mächtige Kriegsmaschinerie (*negativ*), und mit aller Gewalt wurden die Wissenschaftler dazu angespornt, zu forschen und eine Kraft zu entwickeln, die unheilbar die Gehirne dieser Menschen erfüllte. Es gab einige, die hatten die Lösung sozusagen in der Tasche, gaben sie aber nicht preis, bis ein anderer Wissenschaftler am anderen Graben der Welt (Amerika) auch darauf kam. So meinten die ersten, jetzt dürfen wir uns nicht mehr zurückhalten, und das Unheil nahm seinen Lauf.

Du denkst, weshalb haben denn die höheren Wesen diese Entwicklung nicht beizeiten zurückgehalten? Doch merke Dir, der Wille des Menschen ist ein Gebot Gottes, das wir berücksichtigen müssen, denn überall bei Euch sind Menschen und Völker in karmischen Verwicklungen. So musste dieser Zustand also respektiert werden, doch gleichzeitig setzten die positiven Kräfte wieder mit ihrer Gegenpolarität ein, und es wurde aus dieser Forschung weiter entwickelt bis zum Projekt der Mondlandung der

Amerikaner. Seither geht der Wettlauf weiter, aber leider auch parallel die kriegerische Forschung, und der gigantische Wettlauf der Rüstung geht weiter und weiter.

Also der Zweck von uns Geistwesen ist, dass man Geistiges auch sehen kann. Und was sind denn nun Gedanken? Eben geistige Erscheinungen. Wenn diese Erkenntnis Fuss fasst, nimmt die Angst vor schlimmen Entwicklungen schnell ab, und somit wird diese fatale Entwicklung auch gestoppt, eben weil *positive* Einflüsse sich geltend machen. Dürfen wir mit diesem kleinen Kreislauf von Gedanken abschliessen? Vorläufig, es kommen noch viele andere Probleme zu Tage!!

Ja, diese Woche feiert Eure christliche Zivilisation auf der westlichen Halbkugel der Erde das grosse, schöne Weihnachtsfest! Mit vielen Kerzen und Lichtern, die Menschen machen sich gegenseitig Geschenke – nur zu viele bei Euch in der Schweiz –. Gar nicht zu reden von der bitteren Armut auf der andern Hälfte Eurer Erde. Ja, es stimmt, wenn jeweils in der Christwoche die vielen guten Gedanken der Menschen und die Wünsche für Frieden aufleuchten, solltet Ihr sehen können, wie *Euer Planet leuchtet*, und dies nicht wegen der vielen Kerzen, diese haben wenig Einfluss auf das geistige Leuchten. Wenn dieser Zustand bei Euch auf der Erde nur länger anhalten würde!! *Eure Atomwaffen und alle Arsenale der Kriegsmaschinerie würden sich sozusagen von selbst dematerialisieren!!*

Ja, das ist ein *Stichwort!* Wenn wir Euch nur einigermassen veranschaulichen könnten, wie solches *wirklich* geschehen kann!! *Es ist wahr! Diese Möglichkeit* besteht, und viele wissen es, aber sind noch verpflichtet, sich still zu verhalten, bis, ja bis ------- die Menschen guten Willens sind!!!

Da sind wir wieder bei dem ominösen Wort Willen gelandet. Welche Rolle spielt denn dieser Riese Wille? Ganz dürfen wir Euch das im jetzigen Zeitpunkt noch nicht erklären. Es wird jedoch der Zeitpunkt in Erscheinung treten, dann erklären wir viel mehr. Ihr müsst auch wissen, dass wir mit Euch immer noch in der Kindergartensprache verkehren. Die Schulung geht aber doch rapide vorwärts, so dass wir nicht mehr zehn Jahre warten müssen, um in der höheren Klassenstufe mit Euch sprechen zu können. Für heute nur so viel: Der Wille gehört zur Evolution von Euch Menschenkindern. Nach Eurem Willen werdet Ihr weiter steigen, eben wenn Ihr wollt oder eben nicht. Wenn Ihr Euren Willen einsetzt, um möglichst viele Erkenntnisse der *Wahrheit* zu erhalten, dann steigt Ihr unaufhaltsam, jedoch nur in der Stille. Kein Boulevardblatt bringt dies in Eurer Presse, doch zum Wohle der Menschheit dürfen diese Menschen im Stillen wirken. Und dies tun auch viele von Euch, und es werden derer immer mehr.

Für heute wollen wir Schluss machen, morgen werden wir weiter plaudern. Vielleicht über das Mysterium Weihnachten? Schlaf wohl.

4. Weihnachten

Morgen feiert Ihr den grossen *heiligen Abend*. Es ist der Zeitpunkt, wo die Christen die Geburt Christi feiern, geschehen in Israel, ja genau in Bethlehem, wie alle Menschen wissen. Genau ist der Zeitpunkt natürlich nicht. Eigentlich war die Geburt Christi ganz geheim gehalten, doch die Evangelisten haben daraus die bekannte Weihnachtsversion geschrieben. Doch es spielt wirklich überhaupt keine Rolle, wie der genaue Zeitplan vor 2000 Jahren war. Wahr ist jedoch, dass der römiche Stadthalter damals den Befehl zur Volkszählung gab, und um dieses Ereignis rankt sich die ganze Geburtsgeschichte. Wahr ist auch, dass östliche Weise von den gesamten östlichen weisen Männern die Kunde erhielten, sich auf den Weg zu machen nach einem gemässigten Land, das von westlichen Machthabern verwaltet wird. Es herrschten sehr rauhe Sitten zu diesem Zeitpunkt, und den reisenden Weisen wurde empfohlen, sich sehr vorsichtig zu erkundigen, am besten sich leiten zu lassen durch ein besonderes Gestirn, das ihnen den Weg weisen würde. Diese Begebenheit wurde zu diesem Zeitpunkt vermerkt, weil es eben eine grosse Reisezeit war, und die Weisen aus dem Osten mussten sich einschreiben in den Orten, wo sie um Herberge für sich und ihre Tiere nachsuchten; da diese Weisen sehr reiche Menschen waren, d.h. sie hatten von ihren Auftraggebern genug wertvolle Schätze mit auf den Weg bekommen, damit sie ungehindert reisen konnten. Es waren jedoch keine Könige im weltlichen Sinne. Eigentlich ist diesen Berichten der Weisen aus dem Osten auch eine grosse Beachtung geschenkt worden. Das kleine Jesuskind selbst erlebte die ersten Jahre bei seinen Eltern sehr ruhig und glücklich. In ihm schlummerte die Gewissheit einer Botschaft, und schon im zarten Kindesalter konnte der Knabe voll die Intuitionen aufnehmen, die ihm zugeteilt oder mitgeteilt wurden. Nun aber zurück zu Eurer Weihnacht.

Wir haben Dir ja geschrieben, dass Ihr Euch besonders im westlichen Europa mit Geschenken überhäuft, was ja recht schön ist, jedoch stimmt das Mass schon längst nicht mehr. Ihr hört täglich von Euren Medien, wie gross die Not auf der übrigen Welt ist, wie kriegerische Auseinandersetzungen sich dauernd ablösen, von einem Land zum andern, ausser in den permanenten kriegsführenden Ländern. Ihr könnt nicht ermessen, wie riesengross das Elend der Menschen dort ist. Du denkst jetzt, was können wir denn dafür, oder besser gesagt dagegen tun?

Vorerst muss ich wieder an diese *Gedankenkette* erinnern. *Bitte sendet so oft als möglich liebende Gedanken in alle bedrängten Gebiete und Länder.* Ferner ist jetzt immer mehr die Erkenntnis durchgedrungen, dass nicht einfach Geld zu sammeln notwendig ist – das ist zwar auch sehr gut –, jedoch sollten diese helfenden Menschen selbst in die Gebiete reisen können, und wie schon gesagt, es sollten viele willige Helfer den Behörden einfach keine Ruhe lassen und immer wieder reklamieren. Eigentlich bei Euch in der Schweiz wären die Zeiten der Wahlen Eurer Regierungsleute sehr geeignet, vorher den Bewerbern auf den Zahn zu fühlen, was sie auf diesem Sektor zu tun gedenken. Ferner sollte unbedingt keine Rücksicht mehr auf grosse Industrien und Konzerne genommen werden, da sich diese immer noch viel zu sehr um ihre wahre Verantwortung drücken können.

Das wäre der grössere Umriss Eurer feierlichen Weihnachtsfeste. Wenn alle Menschen zuerst an das Helfen und – wie schon gesagt – an die Gedankenkette denken, dann wird das Fest an Weihnachten zu einem wirklichen Glanzfest, dann würden nur wenige Kerzen genügen, wenn dafür in Euren Herzen das *Licht der Liebe und des Helfens leuchtet.*

Wir haben es Dir schon gesagt, dann leuchtet Euer *Planet.* Es sind bereits Künstler am Werk, die diese Intuition bekamen und die Vision in Bildern malen.

Wir wollen Dir morgen abend genau beschreiben, wie wir Euer Weihnachtsfest mit den Augen der Wissenden sehen dürfen.

Für heute müssen wir Schluss machen, morgen wird es dann festlicher.
Schlaf wohl, Deine Müdigkeit wird sich in Tatendrang verändern. Du wirst es morgen ganz intensiv spüren.

Nachtrag
Lieber Jawga, bitte entschuldige, ich komme erst heute wieder mit der Bitte zu Dir, schreiben zu dürfen. Die Weihnachtstage sind vorbei, es ist jeden Abend spät geworden, und ich hatte einfach keine Energie zu schreiben. Doch jetzt bin ich gespannt, ob Du mir etwas über die Weihnachts-Nacht berichtest?

Antwort
Ja, liebes Emmy, wir haben schon vorgestern darauf gewartet. Wir dürfen Euch von der Weihe-Nacht berichten, wie wir es von unserer Warte aus sehen konnten. Vorerst zu Eurer Weihnacht in Eurer Stube. Es war wunderschön zu sehen, wie Ihr Euch alle angestrengt habt, um gute, schöne Gedanken auszusenden.

Nun, zu der grossen Weihe-Nacht auf Eurer Erde, zum Beispiel vom Mittelpunkt der Schweiz aus. Da waren sehr grosse Lichttürme zu sehen, von heller, oranger Farbe. Diese kamen fast alle von Zentren, wo mit inniger Freude und Liebe für bessere Zustände in allen bedrängten Gebieten gefleht wurde. Alle diese Menschen haben im Stillen dafür gesorgt, dass auch *konkret Liebes* getan wurde für arme Menschen in der Schweiz. Auch aus verschiedenen Kirchen, meistens nicht sehr grossen, strahlte ein wunderschönes Lichtgewölbe zum Himmel. Dort wurde auch meistens wunderschön gesungen und gespielt zur Ehre *Christi*. Auch aus den grossen Städten war es dieses Jahr viel angenehmer zu sehen, wie viel mehr schönes Licht sich durch dunkle Schatten hindurch zwängte, d.h. viele Menschen sind zur Einsicht gekommen, dass eben Weihe-Nacht nicht davon abhängt, wieviel Glanz und Geschmeide *materieller Art* verschenkt werden, sondern wieviele schöne Gedanken geistiger Art gedacht werden. Es waren auch viele heimgekehrte Seelen von Euch getrennt Liebenden, die Einlass bekamen (geistige Sicht) und so ihre Angehörigen wunderbar inspirierten. Es gab so viele neue Kontakte auf diese Art, und dies gab ein wunderschönes Strahlenbild. Du denkst, ob wohl die Bevölkerung auf dem Land viel mehr Licht verbreitet als in der Stadt. Nein, dies hat überhaupt keinen Einfluss, das Licht steigt unbeeinflusst dort zu uns auf, wo die *Liebe* beachtet wird. Ja auf dem Land, also bei Euch in der Umgebung, da gab es total dunkle Schatten. Es wohnen viele Menschen in Agglomerationen, die eine grosse Sehnsucht nach noch mehr Besitz (Häuser etc.) haben und dadurch überhaupt keine Neigung (innere Stimme) verspüren, nach anderen Werten zu suchen. Hingegen in den Städten leben ja bekanntlich viel mehr arme und auch ganz arme Menschen, die finden jeweils mit Gleichgesinnten

28

(siehe Gedankenkette) zusammen, und wenn eine Gruppe oder auch nur kleine Grüppchen sich sehnsüchtig nach Harmonie und Geborgenheit sehnen, so leuchtet dort ein wunderschönes, langsam aufsteigendes Licht in der Form von zarten pastellfarbigen Streifen, die sich immer mehr verstreuen und so wieder andere Grüppchen erreichen, z.B. dort, wo helfende Menschen sich dieser Ärmsten annehmen, seien diese nur materiell arm oder auch im Geiste erstarrte Erdenbewohner. Wir haben Dir heute am Anfang eine kleine Zeichnung gemacht, so ungefähr sieht das Lichtermeer über der Schweiz aus. Natürlich ist das nur ein ganz winziger Vergleich.

Wenn wir Euch nun aber die furchtbaren *dunklen Wolkentürme – ja wie Riesenpilze Eurer Atomverspestung–* in den Stätten des Grauens, d.h. in den Kriegsgebieten zeigen oder erklären würden, *Dir z.B.* würde die Hand erstarren, und Du könntest nicht mehr schreiben. Es sind dies die Schreie der Schmerzen und Entbehrungen von ganzen Völkern, die mehr als 3/4 der Erdoberfläche bewohnen. Was unter dieser dunklen Masse alles verborgen ist, könnt Ihr Euch kaum ausmalen, Eure Phantasie reicht bei weitem nicht aus dazu. Bitte, nun müssen wir uns entschuldigen, dass wir Dir oder eben Euch mitteilen müssen, was eben auch in Eurer Christnacht alles gesehen und festgestellt wurde. Und doch haben die vielen Lichtfelder auch dorthin ihre Bahnen gefunden, wenn z.B. liebende Angehörige oder eben grosse, uneigennützige Helfer ihre Liebe dorthin gesandt haben. *Dies solltet Ihr* von Eurem inneren Sehen aufkommen lassen. Wenn irgendwo ein Mann (Vater, Bruder, Sohn, etc.) oder eine Frau in Verzweiflung fast erstickt, und plötzlich kommt ein heller Schein auf dieses Anlitz zu – *dieser Schein leuchtet wunderschön*, hoch und immer höher und wieder ist

ein Menschenkind entweder gerettet aus unmittelbarer Ge-
fahr, oder es gibt ganz selbstverständlich eine totale Ände-
rung oder Verbesserung aus der Notlage des Betreffenden.
Ja, diese wunderschönen *Lichter* strahlen tausendfach zum
Himmel, und dies sind denn auch die wahren Weih-
Nachtskerzen!!!!!!!!!!!!!

Ja, wir sind sehr zufrieden mit Dir, Du bist uns gut gefolgt,
wir werden morgen wieder weiterfahren und Dir berichten,
wie die Auswirkungen in der letzten Woche sich gestalten.
Wir sind sehr zuversichtlich, es sind überall Helfer am
Werk, und es werden immer mehr.

Alles Liebe für Euch.